¿QUÉ ES EL SABER?

> A Héloïse,
> porque todavía hace falta saber lo que uno quiere saber.

Damos las gracias a la ciudad de Nanterre, que nos ha permitido llevar a cabo nuestro proyecto de filosofía en la escuela de Primaria, a los profesores que se han embarcado en esta aventura y a todos los niños y niñas de la ciudad que han intentado devolverle el sentido y todo su vigor a la palabra.

Todo nuestro agradecimiento a Isabelle Millon, por su inestimable colaboración.

Copyright 2004. by Éditions Nathan – Paris, France.
Édition originale: *Savoir, c'est quoi?*
© Ed. Cast.: edebé, 2007
Paseo San Juan Bosco, 62 – 08017 Barcelona – www.edebe.com
Traducción: Beatriz Bueno

¿QUÉ ES EL SABER?

Texto de Oscar Brenifier
Ilustraciones de Pascal Lemaître

edebé

¿Preguntas?
¿Por qué preguntas?

Los niños se hacen preguntas, todo tipo de preguntas,
a menudo importantes. ¿Qué hacer con ellas?
Los padres, ¿deben responderlas?
¿Por qué deben responderlas ellos en lugar de sus hijos?

No se trata de evitar la respuesta de los padres,
ya que ésta puede ayudar al niño a formarse la suya.
Pero también es conveniente enseñarle a pensar y
a juzgar por sí mismo, a reflexionar para llegar
a ser autónomo y responsable.

En todos los libros de la colección Súper-Preguntas,
para cada pregunta se ofrecen diversas respuestas.
Algunas de ellas parecen evidentes, otras misteriosas, sorprendentes,
desconcertantes. Todas ellas serán objeto de nuevas preguntas,
ya que el pensamiento es un camino que no tiene fin.

Estas últimas preguntas quizá se queden sin respuesta.
Tanto mejor. No es indispensable responder.
Una pregunta puede gustar por sí misma, solamente
porque es una bella pregunta, porque presenta
un bello problema lleno de sentido y de valor.
Así pues, la vida, el amor, la belleza o el bien seguirán siendo
siempre preguntas.

Pero aquí las preguntas van a proporcionarnos algunas pistas.
Vamos a examinarlas, a apreciarlas como verdaderas amigas que
quieren evitarnos desvelos. Y vamos a prolongar este diálogo, que
seguro que aportará tanto a los padres como a sus hijos.

Oscar Brenifier

Índice

- ¿Cómo sabes que existe el Universo?
- ¿Es importante pensar?
- ¿Debes saberlo todo?
- ¿Tienes que ir al colegio para aprender?
- ¿Tus ideas te pertenecen?
- ¿Para qué sirve la imaginación?

¿Cómo sabes que existe el Universo?

CONOCIMIENTO

¿Cómo sabes que existe el Universo?

EN VERANO LO VEO EN

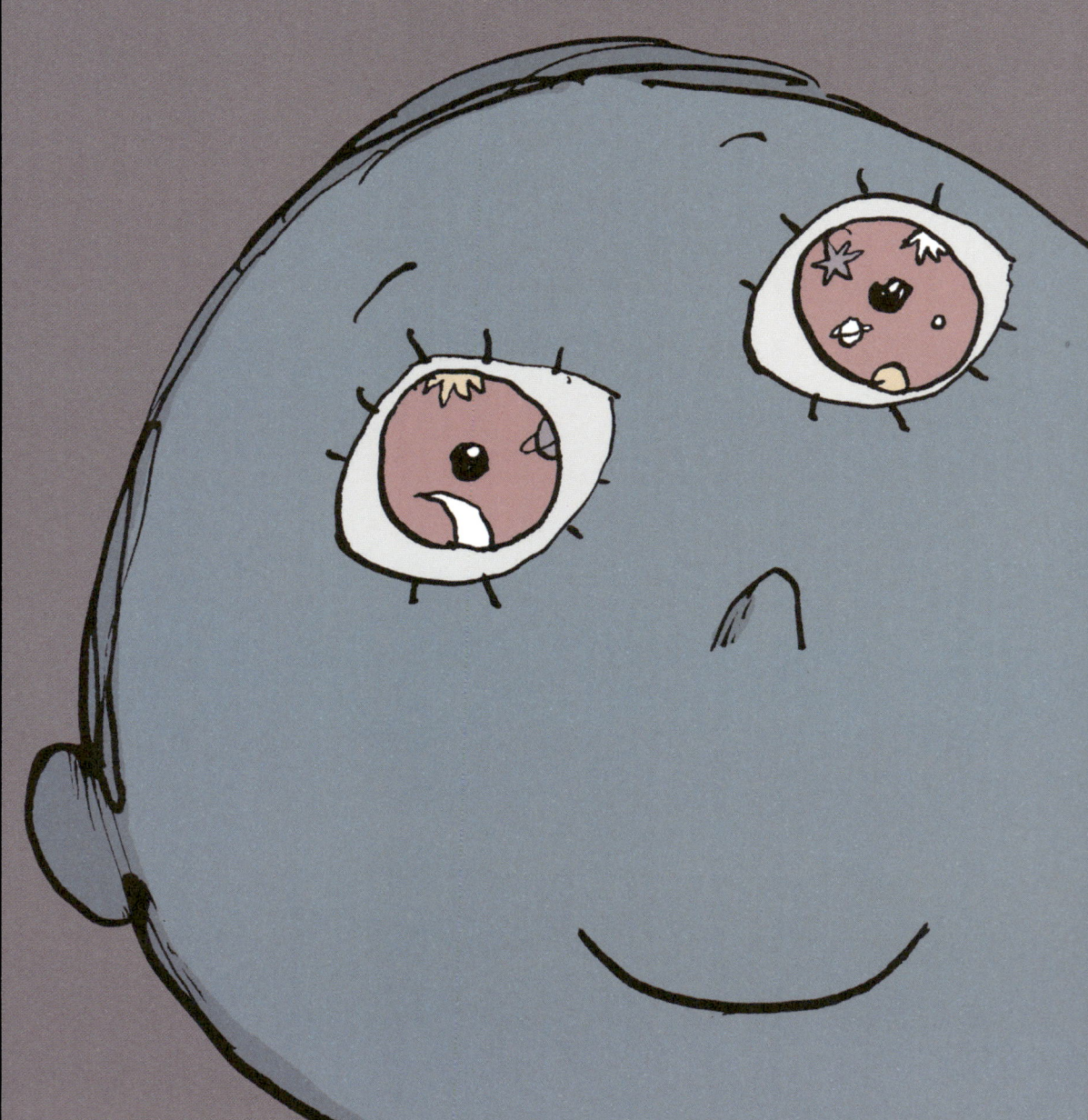

EL CIELO ESTRELLADO.

Sí, pero...

¿Tus ojos pueden ver todo lo que existe?

 Tus ojos, ¿pueden equivocarse?

¿No vale más tocar las cosas para saber que existen?

 ¿Basta con ver algo para saber lo que es?

¿Cómo sabes que existe el Universo?

ME LO HAN DICHO

Sí, pero...

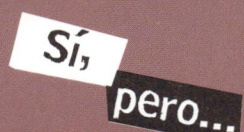
¿Y ellos cómo lo saben?

¿A veces tus padres no te cuentan mentiras?

MIS PADRES.

¿Nunca se equivocan?

Si fueran los únicos en decirte que el Universo existe, ¿les creerías?

¿Cómo sabes que existe el Universo?

Sí, pero...

¿Podemos entender sin los demás?

¿Entiendes de dónde viene el Universo y lo que es?

¿Puedes aportar pruebas de su existencia?

¿El Universo no es demasiado misterioso y vasto para que tú puedas comprenderlo?

¿Cómo sabes que existe el Universo?

PORQUE LOS SABIOS LO DESCUBRIERON UN DÍA.

Sí, pero...

¿El Universo existía antes de que lo descubrieran?

¿Por qué el ser humano ha intentado descubrirlo?

¿Cómo sabes que existe el Universo?

NO ESTOY SEGURO DE QUE EXISTA.

Sí, pero...

¿Podemos estar siempre seguros de lo que sabemos?

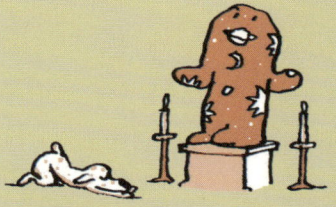

¿Debes estar seguro de que el Universo existe para creer en su existencia?

¿Conoces algún método para estar seguro de algo?

¿De qué puedes estar totalmente seguro?

¿Cómo sabes que existe el Universo?

PORQUE LA TIERRA ESTAR EN ALGÚN SITIO.

Sí, pero...

¿Y dónde está el Universo?

¿Puede haber otra cosa que no sea el Universo?

TIENE QUE

¿La Tierra puede estar fuera del Universo?

¿El Universo sería lo mismo sin la Tierra?

¿Cómo sabes que existe el Universo?

Para ti, el Universo existe por lo que ves, lo que te dicen tus padres, lo que te cuentan los sabios. Son muchas las luces que te esclarecen en parte ese gran misterio que sientes en lo más profundo de ti de forma inquietante y maravillosa. Pero, a veces, tu espíritu se ve sobrepasado: las palabras son demasiado complicadas, los ojos no son lo suficientemente grandes para tomar conciencia totalmente de esa inmensidad que nos envuelve, a la cual pertenecemos. Y te preguntas: ¿cómo es el infinito? ¡Todas esas estrellas! Y si el Universo existe de verdad, ¿podremos alguna vez saber lo que es en realidad?

Hacerte esta pregunta es, por tanto...

...tomar conciencia de las distintas formas de acceder al conocimiento.

...preguntarte lo que debes creer y aprender a desarrollar tu espíritu crítico.

...no tener miedo de enfrentarte a las grandes preguntas que dan vértigo.

...darte cuenta de que cada ser es minúsculo, pero que tiene su lugar en la inmensidad del Universo.

¿Es importante pensar?

Pensamento

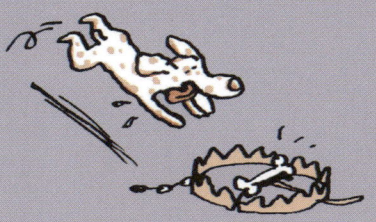

¿Es necesario siempre pensar para elegir?

PENSAMIENTO

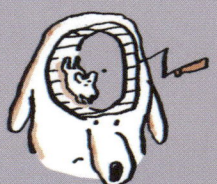

¿Pensar no te puede impedir a veces elegir?

¿Tenemos derecho a elegir sin pensar?

¿Somos realmente libres de elegir?

Sí, pero...

PENSAMIENTO

¿Somos inteligentes para siempre?

¿Podemos ser inteligentes sin pensar?

¿No es necesario ser inteligente para pensar?

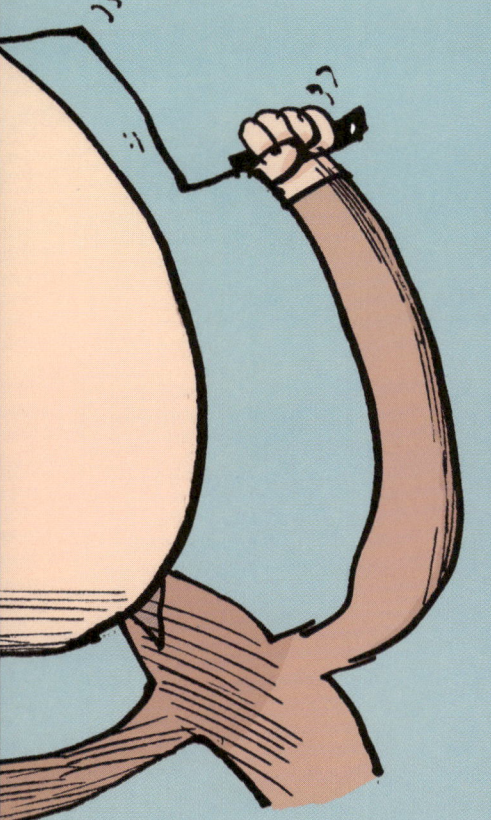

¿La inteligencia es siempre buena y útil?

¿Es importante pensar?

¿Es importante pensar?

SÍ, PARA NO PARECER TONTO.

Sí, pero...

Cuando piensas, ¿no pareces a veces un poco tonto?

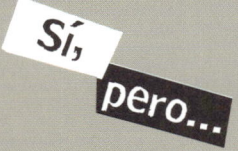 ¿Puedes pensar con libertad si temes la mirada de los demás?

¿No tenemos derecho a ser tontos?

 ¿No somos más tontos cuando intentamos parecer inteligentes?

PENSAMIENTO

¿Es importante pensar?

SÍ, PORQUE PODEMOS CAMBIAR EL MUNDO CON LAS IDEAS.

Sí, pero...

¿Las ideas pueden cambiar de verdad el mundo?

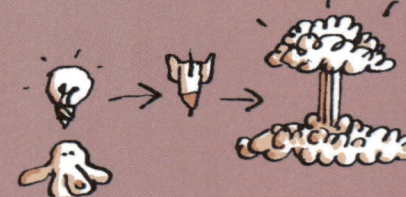
¿Una idea puede también destruir el mundo?

PENSAMIENTO

¿No es más bien el mundo el que debe cambiar nuestras ideas?

¿Y si todos tenemos ideas opuestas?

¿Es importante pensar?

SÍ, PORQUE PODEMOS

DESCUBRIR COSAS.

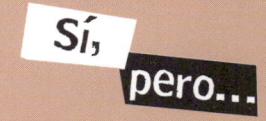

PENSAMIENTO

Sí, pero...

¿Los descubrimientos no se hacen a veces por casualidad?

¿Podemos pensar y dar vueltas y más vueltas sin llegar a nada?

¿Y si lo que descubrimos es falso?

¿Todos los descubrimientos son buenos?

¿Es importante pensar?

A menudo, sin quererlo, te pones a pensar... porque eres inteligente, para hacer la mejor elección e incluso, por qué no, para cambiar el mundo. Pensar no es cualquier cosa. Requiere tiempo, experiencia, conocimientos. También a veces temes equivocarte y hacer el ridículo. Y si te tomas tu reflexión demasiado en serio te arriesgas a quedarte atascado dándole vueltas a las cosas, a ser desgraciado y a no poder actuar. Te olvidas de que pensar puede ser divertido... De que es una parte de ti a la que debes sacar el máximo partido, como tus sentimientos o tus emociones. Porque, ¿puedes vivir sin pensar?

Hacerte esta pregunta es, por tanto...

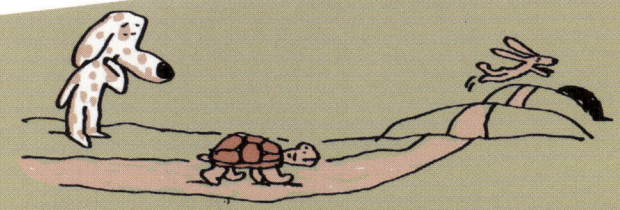

...tomarte el tiempo necesario para preparar el camino antes de ponerte a correr.

...descubrir que pensar es un juego apasionante.

...permitirte actuar lo mejor posible por ti y por los demás, lo cual a veces exige dejar de pensar.

...conseguir decidir lo que está bien, lo que es importante, útil o verdadero.

PENSAMIENTO

¿Debes saberlo todo?

SABERLO TODO

¿Debes saberlo todo?

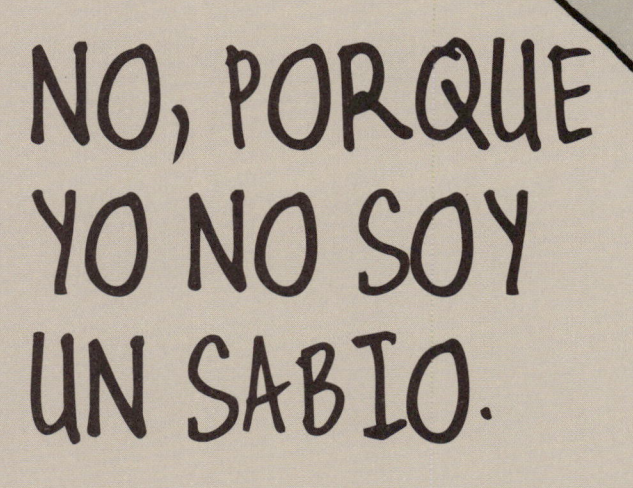

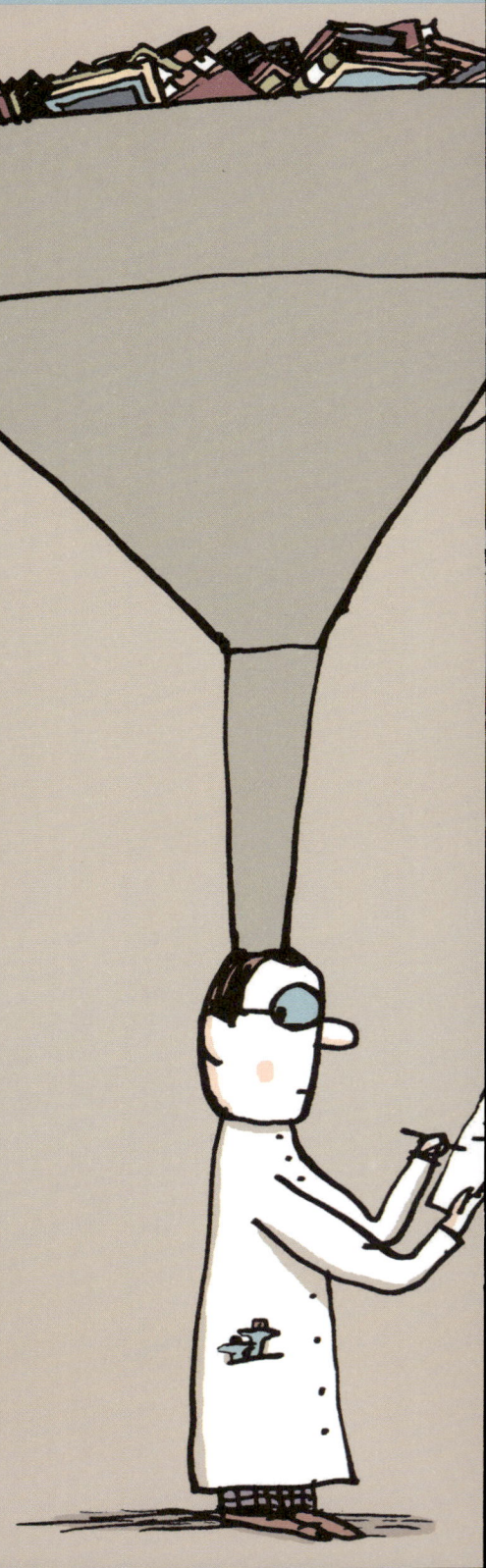

NO, PORQUE YO NO SOY UN SABIO.

Sí, pero...

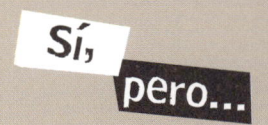

¿Nacemos o nos hacemos sabios?

¿Un sabio es un hombre como los demás?

¿Los sabios pueden ignorar un montón de cosas?

¿No nos hacemos sabios porque intentamos aprender lo que ignoramos?

SABERLO TODO

¿Debes saberlo todo?

NO, PORQUE SOY DEMASIADO PEQUEÑO.

Sí, pero...

¿Los mayores lo saben todo?

¿Los pequeños no saben cosas que los mayores ignoran?

¿Hay cosas que los niños no deben saber?

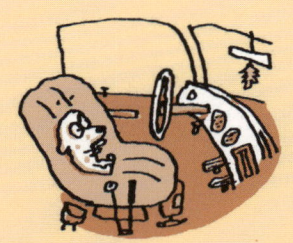

¿Qué impide a los niños saber ciertas cosas?

SABERLO TODO

¿Debes saberlo todo?

NO, PREFIERO SABER SÓLO LO QUE ME INTERESA.

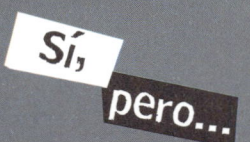

Sí, pero...

¿No necesitas saberlo todo para saber lo que te interesa?

¿Aprendemos con más facilidad lo que nos interesa?

¿No podemos interesarnos por todo? ¿Estás seguro de que siempre te interesan las mismas cosas?

SABERLO TODO

¿Debes saberlo todo?

NO LO SÉ, PERO HAY

QUE INTENTARLO.

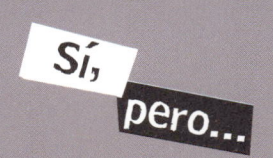

Sí, pero...

¿Para qué si es imposible?

¿Los demás no pueden saber cosas por nosotros?

¿No hay cosas que vale más ignorar?

¿Está mal no intentar saber más?

SABERLO TODO

¿Debes saberlo todo?

SÍ, PORQUE SI NO, ME VOY A EQUIVOCAR.

Sí, pero...

¿Querer saberlo todo no es ya un error?

¿Basta saber para comprender?

¿Es tan grave equivocarse?

¿No aprendes nada cuando te equivocas?

SABERLO TODO

¿Debes saberlo todo?

Te gustaría saberlo todo para no equivocarte nunca. Pero ese objetivo parece muy ambicioso: eres demasiado pequeño, ¡no lo suficientemente sabio! Y además, ¿es realista? ¿El campo del saber no es demasiado vasto para recorrerlo entero? Lo que sabemos, ¿no evoluciona con el tiempo o el progreso de la ciencia? Agotado por la idea de no lograr nunca tu meta, te das por vencido... ¿Qué hacer ante ese océano de conocimientos? Reconocer lo que no sabes, elegir lo que te interesa y tener ganas de conocerlo y aceptar aprender lo que es necesario: he aquí quizás el mejor punto de partida para avanzar con seguridad por el camino del conocimiento.

Hacerte esta pregunta es, por tanto...

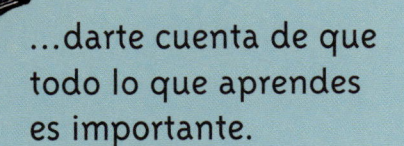

...darte cuenta de que todo lo que aprendes es importante.

...saber lo que sabes y lo que no sabes.

...preguntarte por qué deseas saber cada una de las cosas.

...no temer el error y aceptar ser ignorante para aprender mejor.

Saberlo todo

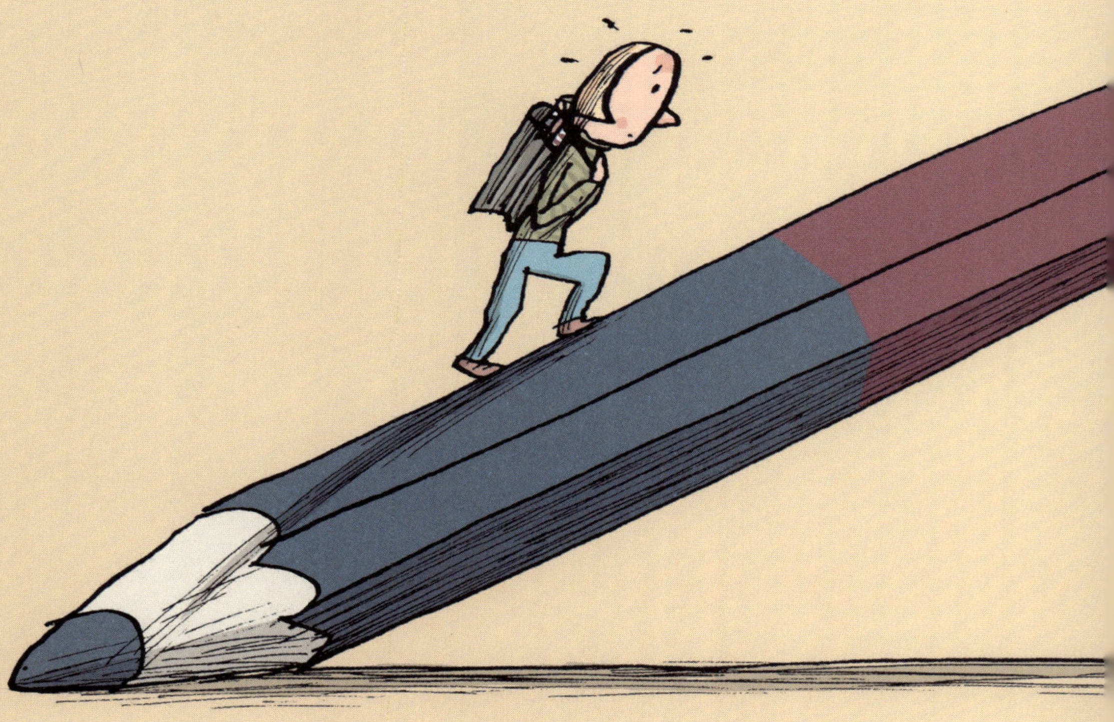

¿Tienes que ir al colegio para aprender?

COLEGIO

¿Tienes que ir al colegio para aprender?

SÍ, PORQUE, SI NO,

Sí, pero...

¿Tienes la obligación de tener un oficio?

¿Aprendes sólo para tener un oficio?

NO TENDRÉ OFICIO.

COLEGIO

¿Aprendes un oficio en el colegio?

¿Basta con ir al colegio para tener un oficio?

¿Tienes que ir al colegio para aprender?

SÍ, PORQUE LA LEY ME OBLIGA.

Sí, pero...

¿Esa obligación te impide ser libre?

¿La ley puede también obligarte a aprender?

¿Para quién está hecha esa ley: para ti o para tus padres?

¿Irías al colegio si no tuvieras la obligación?

COLEGIO

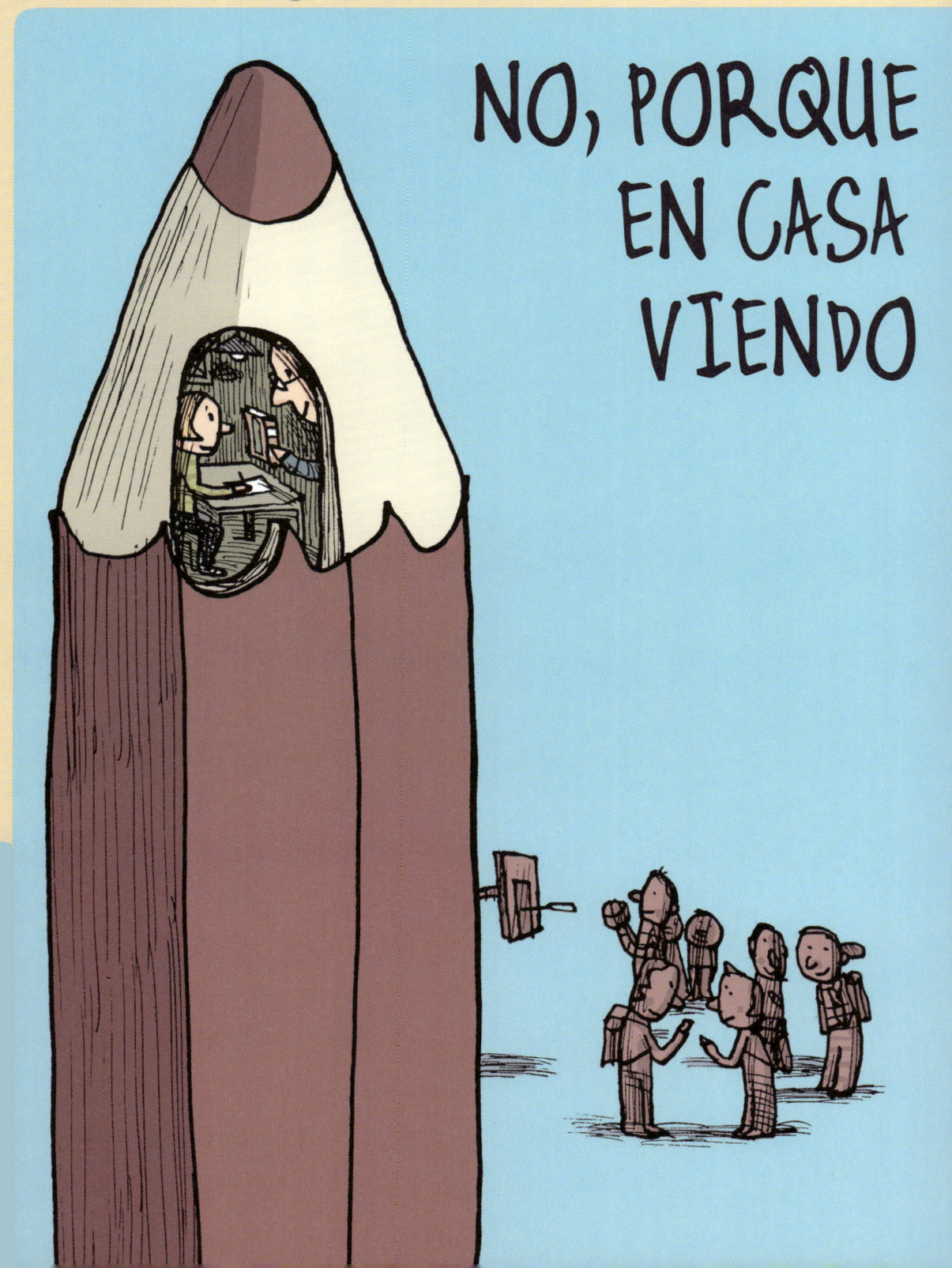

¿Tienes que ir al colegio para aprender?

NO, PORQUE EN CASA VIENDO

PUEDO APRENDER CON MIS PADRES O LA TELEVISIÓN.

Sí, pero...

¿Tus padres pueden sustituir a la maestra?

¿Y si tus padres o la televisión te enseñan lo contrario de lo que enseñan en el colegio?

¿Puedes preguntar a la televisión si no la entiendes?

¿Ves la televisión para aprender cosas o para distraerte?

COLEGIO

¿Tienes que ir al colegio para aprender?

NO, PORQUE NO ME GUSTA APRENDER.

Sí, pero...

¿Te arrepientes de saber leer y escribir?

¿Te gustaría aprender si fuera fácil?

¿Puedes hacer siempre lo que quieres?

¿Sueñas con ser un ignorante?

COLEGIO

¿Tienes que ir al colegio para aprender?

NO, PORQUE SI NO, TENDRÍA QUE IR AL COLEGIO...

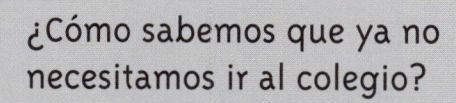

Sí, pero...

¿Cómo sabemos que ya no necesitamos ir al colegio?

¿Ser mayor significa haber aprendido a aprender solo?

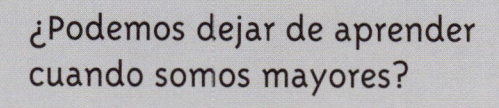

¿Podemos dejar de aprender cuando somos mayores?

¿Dónde aprendemos cuando somos mayores?

...TODA MI VIDA.

¿Tienes que ir al colegio para aprender?

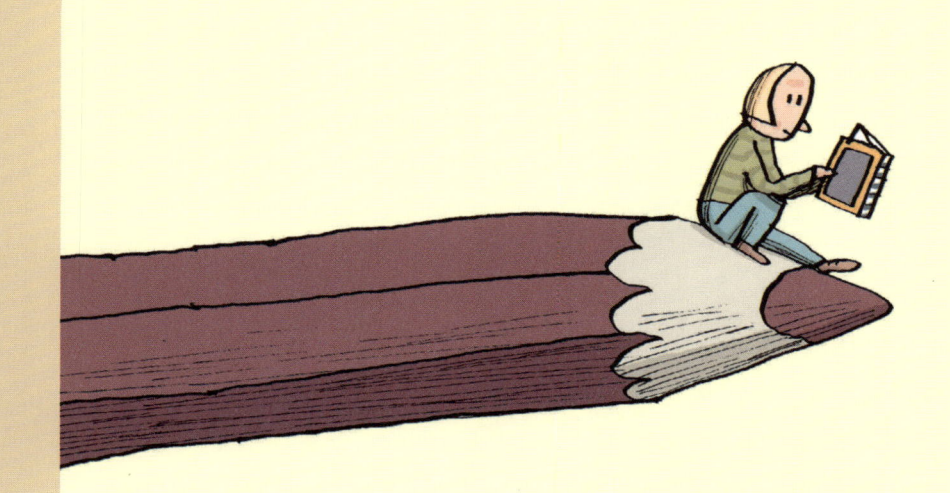

Tienes la obligación de ir al colegio: nadie te pide tu opinión. La ley también obliga a tus padres a mandarte. Ya que ir al colegio es necesario para adquirir conocimientos, aprender a vivir en sociedad, prepararse para un oficio y poderse ganar la vida. Sin embargo, no sólo se aprende en el colegio, sino también en la calle, de viaje, en casa, en los libros o en la televisión. Algunas personas que no han ido al colegio te impresionan por su sabiduría, y el saber del colegio no siempre te interesa, no ves para qué sirve. Querrías ser libre de aprender lo que te diera la gana. Pero quizá debes primero aprender a aprender: ése es también el objetivo del colegio.

Hacerte esta pregunta es, por tanto...

...comprender cómo el colegio te puede ayudar a ser libre.

...no aprender sin intentar comprender.

...no esperarlo todo del colegio y saber también aprender de otras formas.

...ser consciente de que nos pasamos la vida aprendiendo, incluso después de la edad escolar.

COLEGIO

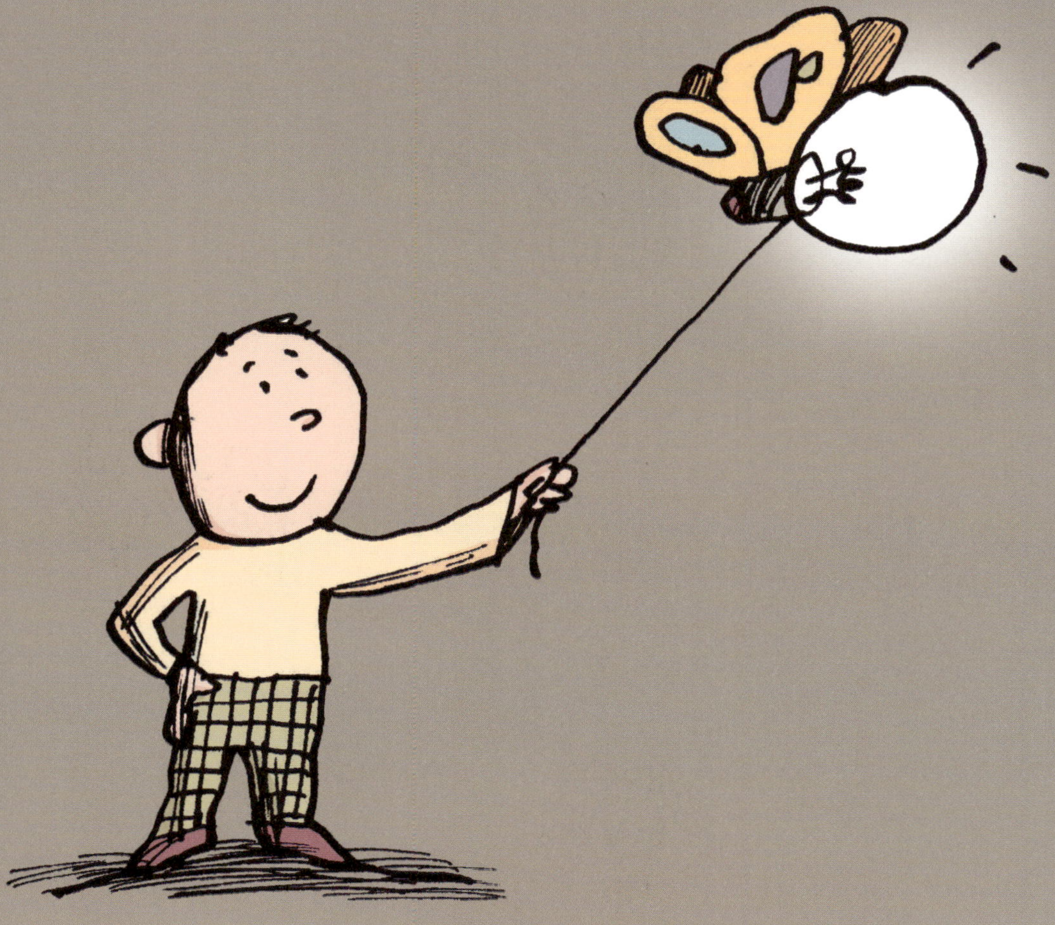

¿Tus ideas te pertenecen?

IDEAS

¿Tus ideas te pertenecen?

SÍ, PORQUE SALEN

DE MI CABEZA.

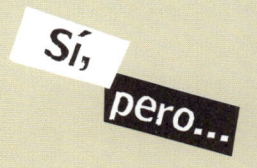

Sí, pero...

¿Eres tú el que las ha metido en tu cabeza?

¿Dónde están las ideas de las que te olvidas?

¿Vas tú a buscar las ideas a tu cabeza o vienen ellas solas?

NINGUNA PARTE

¿Una idea puede venir de ninguna parte?

IDEAS

¿Tus ideas te pertenecen?

NO, PORQUE SE ME HAN LIBROS O HABLANDO

OCURRIDO LEYENDO CON MIS PADRES.

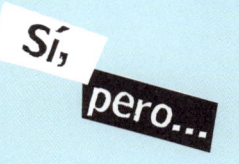

Sí, pero...

¿Retienes todas las ideas que lees o que oyes?

¿Eliges las ideas que retienes?

¿No has transformado tú esas ideas?

¿De dónde vienen las ideas de tus padres y de los libros?

IDEAS

¿Tus ideas te pertenecen?

NO, PORQUE

Sí, pero...

¿Existe un mundo de las ideas?

¿Las ideas han existido siempre?

EXISTEN SOLAS.

IDEAS

¿Las ideas necesitan que los hombres piensen para existir?

¿De qué servirían las ideas sin el mundo de los hombres?

¿Tus ideas te pertenecen?

SÍ, DE HECHO, SON TAN LOS DEMÁS LES

MÍAS QUE A VECES A CUESTA ENTENDERLAS.

Sí, pero...

¿De qué sirve tener ideas si no puedes compartirlas?

¿Un borrador de idea puede ser una idea?

¿Entiendes tú tus ideas si no sabes hacérselas entender a los demás?

IDEAS

¿Tus ideas te pertenecen?

NO, PORQUE TODOS UTILIZAMOS LAS MISMAS PALABRAS PARA EXPRESAR NUESTRAS IDEAS.

Sí, pero...

¿Podemos expresar una misma idea en lenguas diferentes?

¿Podemos tener una idea sin tener las palabras?

¿Podemos decir la misma idea con palabras distintas?

¿Una idea es sólo una
serie de palabras?

IDEAS

¿Tus ideas te pertenecen?

Tienes ideas de todos tipos: son hermosas, graciosas o profundas... Surgen de golpe, se instalan durante mucho tiempo en tu cabeza y te abandonan cuando las olvidas. ¿De dónde vienen tus ideas, de ti o de los demás? ¿Adónde van? ¿Existe un mundo aparte donde pueden existir solas? A veces, egoístamente, te gustaría que sólo te pertenecieran a ti; te sientes un poco orgulloso cuando los demás no las entienden... Pero, al mismo tiempo, ¡qué satisfacción poder compartir tus ideas con tus amigos, cuando consigues encontrar las palabras que las reproducen con fidelidad! Esas palabras que son tuyas pero también de todo el mundo.

Hacerte esta pregunta es, por tanto...

...ser consciente de lo que pasa dentro de tu cabeza.

...examinar las ideas, preguntarte de dónde vienen y lo que valen, para también desconfiar de ellas.

...conocer la importancia de las palabras para comprender y comunicar las ideas.

...aprender a apreciar las ideas por ellas mismas y por su belleza.

IDEAS

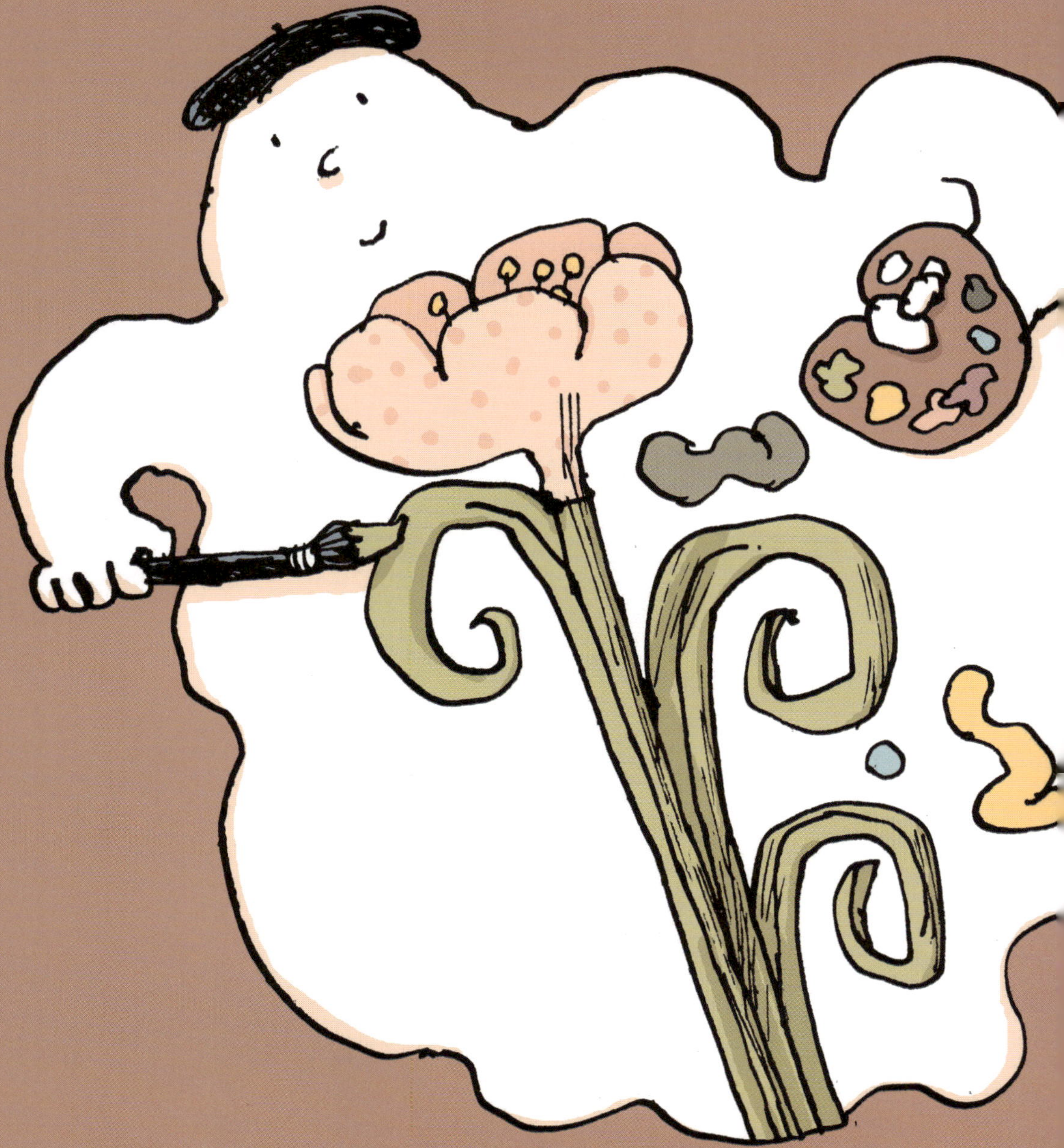

¿Para qué sirve la imaginación?

IMAGINACIÓN

¿Para qué sirve la imaginación?

PARA OLVIDAR LA

REALIDAD.

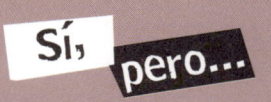

Sí, pero...

¿Lo que te imaginas no es real?

¿No necesitas la realidad para imaginar?

¿Podemos realmente olvidar la realidad?

¿La realidad no está formada por lo que todos juntos imaginamos?

IMAGINACIÓN

¿Para qué sirve la imaginación?

PARA ESCRIBIR

BONITAS HISTORIAS.

Sí, pero...

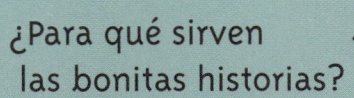

¿Para qué sirven las bonitas historias?

¿Las historias deben ser siempre bonitas?

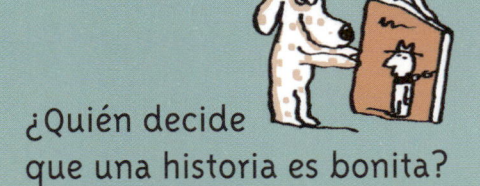

¿Quién decide que una historia es bonita?

¿Es suficiente tener imaginación para escribir una historia?

IMAGINACIÓN

¿Para qué sirve la imaginación?

PARA CONVERTIRME

Sí, pero...

¿Puedes de verdad ser la persona que te imaginas?

¿La imaginación no te puede servir para ser tú mismo?

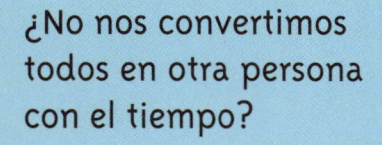

¿No nos convertimos todos en otra persona con el tiempo?

¿Eres lo que te imaginas o lo que eres?

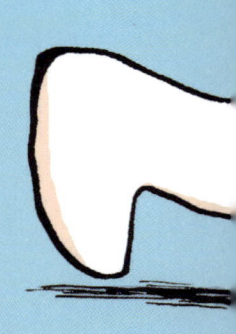

EN OTRA PERSONA.

IMAGINACIÓN

¿Para qué sirve la imaginación?

PARA NADA.

Sí, pero...

¿La imaginación es más rica cuando no sirve para nada?

¿La imaginación es inútil si no sirve para nada?

¿No es por placer por lo que imaginamos lo que queremos?

¿Podemos vivir sin imaginación?

IMAGINACIÓN

¿Para qué sirve la imaginación?

PARA MENTIR A MIS PADRES.

Sí, pero...

¿Está siempre mal mentir?

¿La imaginación permite también mentirse a sí mismo?

¿Hablar no es siempre transformar la realidad?

IMAGINACIÓN

¿Para qué sirve la imaginación?

PARA INVENTAR COSAS NUEVAS Y ÚTILES.

Sí, pero...

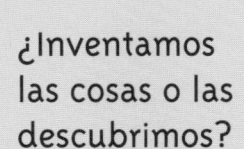

¿Inventamos las cosas o las descubrimos?

¿No podemos contentarnos con lo que ya existe?

¿Hay que inventar sólo cosas útiles y necesarias?

¿Podemos inventar infinitamente?

IMAGINACIÓN

¿Para qué sirve la imaginación?

Tienes imaginación, y ésta a veces te sobrepasa: entonces ya no sabes distinguir entre la realidad y lo que te inventas. La imaginación es agradable y sirve para embellecer el mundo. Te facilita la vida y te protege permitiéndote huir, a través de la mentira, de lo que prefieres ignorar. Pero también sirve para fabricar la realidad, como hacen los inventores, los artistas y cada uno de nosotros. ¿No te gusta oír bellas historias que te hacen soñar y que te ayudan a entender el mundo y a ti mismo? ¿No tienes derecho a soñar con tu futuro para convertirte en quien has imaginado? Tu imaginación quizás te engaña, pero es también tu mayor libertad.

Hacerte esta pregunta es, por tanto...

...intentar distinguir la realidad de lo que decimos de ella.

...reconocer que la imaginación forma parte de nuestra realidad.

...aprender a crear el mundo igual que él nos crea.

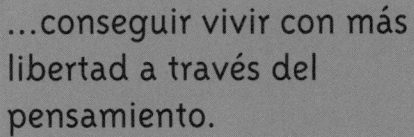

...conseguir vivir con más libertad a través del pensamiento.

IMAGINACIÓN

Oscar Brenifier
Doctor en Filosofía y formador, ha trabajado en numerosos países para promover los talleres de filosofía para adultos y la práctica filosófica entre los niños.
Es autor de varias obras de reflexión y de una recopilación de cuentos filosóficos.

http://www.brenifier-philosopher.fr.st/

Pascal Lemaître
Pascal Lemaître, nacido en Bélgica en 1967, es el marido de Manou y el padre de Maëlle. También es dibujante y, en particular, ha ilustrado libros de Toni Morrison (premio Nobel de literatura en 1993). Enseña «dibujo humorístico» en La Cambre, escuela de artes visuales en Bruselas.
A la pregunta «¿Qué es el saber?», contestó: «Dibujo desde pequeño y siempre siento curiosidad por lo que va a aparecer en la hoja que tengo delante de mí. Es cuestión de imaginación, por supuesto, pero todo esto no serviría si no tuviera ganas de saber más sobre lo que nos rodea y sobre todo aquello que hace que seamos lo que somos».

ISBN: 978-84-236-8378-9
Printed in France.

Queda prohibida, salvo excepción prevista en la Ley, cualquier forma de reproducción, distribución, comunicación pública y transformación de esta obra sin contar con autorización de los titulares de la propiedad intelectual. La infracción de los derechos mencionados puede ser constitutiva de delito contra la propiedad intelectual (artículos 270 y siguientes del Código Penal). El Centro Español de Derechos Reprográficos (www.cedro.org) vela por el respeto de los citados derechos.